AGENDA SCOLAIRE 2019-2020

CE PLANIFICATEUR APPARTIENT À:

NOM:

ANNIVERSAIRE:

ADRESSE:

CODE POSTAL:

MOBILE NUMÉRO: EMAIL:

ÉCOLE: CLASSE:

MES CONTACTS

NOM

ADRESSE

EMAIL

HANDY

NOM

ADRESSE

EMAIL

HANDY

NOM

ADRESSE

EMAIL

HANDY

NOM

ADRESSE

EMAIL

HANDY

NOM

ADRESSE

EMAIL

HANDY

NOM

ADRESSE

EMAIL

HANDY

NOM

ADRESSE

EMAIL

HANDY

NOM

ADRESSE

EMAIL

HANDY

NOM		NOM	
ADRESSE		ADRESSE	
EMAIL		EMAIL	
HANDY		HANDY	

NOM		NOM	
ADRESSE		ADRESSE	
EMAIL		EMAIL	
HANDY		HANDY	

NOM		NOM	
ADRESSE		ADRESSE	
EMAIL		EMAIL	
HANDY		HANDY	

NOM		NOM	
ADRESSE		ADRESSE	
EMAIL		EMAIL	
HANDY		HANDY	

MES OBJECTIFS

ANNIVERSAIRES

NOM	DATE	DATE	NOM

JAN 2019
LU	MA	ME	JE	VE	SA	DI
	1	2	3	4	5	6
7	8	9	10	11	12	13
14	15	16	17	18	19	20
21	22	23	24	25	26	27
28	29	30	31			

FÉV 2019
LU	MA	ME	JE	VE	SA	DI
				1	2	3
4	5	6	7	8	9	10
11	12	13	14	15	16	17
18	19	20	21	22	23	24
25	26	27	28			

MAR 2019
LU	MA	ME	JE	VE	SA	DI
				1	2	3
4	5	6	7	8	9	10
11	12	13	14	15	16	17
18	19	20	21	22	23	24
25	26	27	28	29	30	31

AVR 2019
LU	MA	ME	JE	VE	SA	DI
1	2	3	4	5	6	7
8	9	10	11	12	13	14
15	16	17	18	19	20	21
22	23	24	25	26	27	28
29	30					

MAI 2019
LU	MA	ME	JE	VE	SA	DI
		1	2	3	4	5
6	7	8	9	10	11	12
13	14	15	16	17	18	19
20	21	22	23	24	25	26
27	28	29	30	31		

JUIN 2019
LU	MA	ME	JE	VE	SA	DI
					1	2
3	4	5	6	7	8	9
10	11	12	13	14	15	16
17	18	19	20	21	22	23
24	25	26	27	28	29	30

JUIL 2019
LU	MA	ME	JE	VE	SA	DI
1	2	3	4	5	6	7
8	9	10	11	12	13	14
15	16	17	18	19	20	21
22	23	24	25	26	27	28
29	30	31				

AOÛT 2019
LU	MA	ME	JE	VE	SA	DI
			1	2	3	4
5	6	7	8	9	10	11
12	13	14	15	16	17	18
19	20	21	22	23	24	25
26	27	28	29	30	31	

SEP 2019
LU	MA	ME	JE	VE	SA	DI
						1
2	3	4	5	6	7	8
9	10	11	12	13	14	15
16	17	18	19	20	21	22
23	24	25	26	27	28	29
30						

OCT 2019
LU	MA	ME	JE	VE	SA	DI
	1	2	3	4	5	6
7	8	9	10	11	12	13
14	15	16	17	18	19	20
21	22	23	24	25	26	27
28	29	30	31			

NOV 2019
LU	MA	ME	JE	VE	SA	DI
				1	2	3
4	5	6	7	8	9	10
11	12	13	14	15	16	17
18	19	20	21	22	23	24
25	26	27	28	29	30	

DÉC 2019
LU	MA	ME	JE	VE	SA	DI
						1
2	3	4	5	6	7	8
9	10	11	12	13	14	15
16	17	18	19	20	21	22
23	24	25	26	27	28	29
30	31					

JAN 2020
LU	MA	ME	JE	VE	SA	DI
		1	2	3	4	5
6	7	8	9	10	11	12
13	14	15	16	17	18	19
20	21	22	23	24	25	26
27	28	29	30	31		

FÉV 2020
LU	MA	ME	JE	VE	SA	DI
					1	2
3	4	5	6	7	8	9
10	11	12	13	14	15	16
17	18	19	20	21	22	23
24	25	26	27	28	29	

MAR 2020
LU	MA	ME	JE	VE	SA	DI
						1
2	3	4	5	6	7	8
9	10	11	12	13	14	15
16	17	18	19	20	21	22
23	24	25	26	27	28	29
30	31					

AVR 2020
LU	MA	ME	JE	VE	SA	DI
		1	2	3	4	5
6	7	8	9	10	11	12
13	14	15	16	17	18	19
20	21	22	23	24	25	26
27	28	29	30			

MAI 2020
LU	MA	ME	JE	VE	SA	DI
				1	2	3
4	5	6	7	8	9	10
11	12	13	14	15	16	17
18	19	20	21	22	23	24
25	26	27	28	29	30	31

JUIN 2020
LU	MA	ME	JE	VE	SA	DI
1	2	3	4	5	6	7
8	9	10	11	12	13	14
15	16	17	18	19	20	21
22	23	24	25	26	27	28
29	30					

JUIL 2020
LU	MA	ME	JE	VE	SA	DI
		1	2	3	4	5
6	7	8	9	10	11	12
13	14	15	16	17	18	19
20	21	22	23	24	25	26
27	28	29	30	31		

AOÛT 2020
LU	MA	ME	JE	VE	SA	DI
					1	2
3	4	5	6	7	8	9
10	11	12	13	14	15	16
17	18	19	20	21	22	23
24	25	26	27	28	29	30
31						

SEP 2020
LU	MA	ME	JE	VE	SA	DI
	1	2	3	4	5	6
7	8	9	10	11	12	13
14	15	16	17	18	19	20
21	22	23	24	25	26	27
28	29	30				

OCT 2020
LU	MA	ME	JE	VE	SA	DI
			1	2	3	4
5	6	7	8	9	10	11
12	13	14	15	16	17	18
19	20	21	22	23	24	25
26	27	28	29	30	31	

NOV 2020
LU	MA	ME	JE	VE	SA	DI
						1
2	3	4	5	6	7	8
9	10	11	12	13	14	15
16	17	18	19	20	21	22
23	24	25	26	27	28	29
30						

DÉC 2020
LU	MA	ME	JE	VE	SA	DI
	1	2	3	4	5	6
7	8	9	10	11	12	13
14	15	16	17	18	19	20
21	22	23	24	25	26	27
28	29	30	31			

2019

2020

FÊTES LÉGALES EN FRANCE 2019-2021

	2019	2020	2021
LE JOUR DE L'AN	01.01	01.01	01.01
PÂQUES	22.04	13.04	05.04
FÊTE DU TRAVAIL	01.05	01.05	01.05
LA VICTOIRE DE 1945	08.05	08.05	08.05
L'ASCENSION	30.05	21.05	13.05
PENTECÔTE	10.06	01.06	24.05
FÊTE NATIONALE	14.07	14.07	14.07
L'ASSOMPTION	15.08	15.08	15.08
LA TOUSSAINT	01.11	01.11	01.11
L'ARMISTICE	11.11	11.11	11.11
NOEL	25.12	25.12	25.12

FÊTES LÉGALES EN ALSACES 2019-2021

	2019	2020	2021
VENDREDI SAINT	19.04	10.04	02.04
2E JOUR DE NOEL	26.12	26.12	26.12

VACANCES SCOLAIRES 2019-2020

	ZONE A	ZONE B	ZONE C
RENTRÉE SCOLAIRE 2019	06.07.2019 - 02.09.2019		
VACANCES DE LA TOUSSAINT 2019	19.10.2019 - 04.11.2019		
VACANCES DE NOEL 2019	21.12.2019 - 06.01.2020		
VACANCES D'HIVER 2020	22.02.-09.03	15.02.-02.03	08.02.-24.02
VACANCES DE PRINTEMPS 2020	18.04.-04.05	11.04.-27.04	04.04.-20.04.
PONT DE L'ASCENSION	20.05.2020 - 25.05.2020		
GRANDES VACANCES 2020	04.07.2020 - ...		

ZONE A	Besançon, Bordeaux, Clermont-Ferrand, Dijon, Grenoble, Limoges, Lyon, Poitiers
ZONE B	Aix-Marseille, Amiens, Caen, Lille, Nancy-Metz, Nantes, Nice, Orléans-Tours, Reims, Rennes, Rouen, Strasbourg
ZONE C	Créteil, Montpellier, Paris, Toulouse, Versailles

AOÛT 2019

01	JE		
02	VE		
03	SA		
04	DI		
05	LU		32
06	MA		
07	ME		
08	JE		
09	VE		
10	SA		
11	DI		
12	LU		33
13	MA		
14	ME		
15	JE		
16	VE		
17	SA		
18	DI		
19	LU		34
20	MA		
21	ME		
22	JE		
23	VE		
24	SA		
25	DI		
26	LU		35
27	MA		
28	ME		
29	JE		
30	VE		
31	SA		

SEPTEMBRE

01	DI		
02	LU		36
03	MA		
04	ME		
05	JE		
06	VE		
07	SA		
08	DI		
09	LU		37
10	MA		
11	ME		
12	JE		
13	VE		
14	SA		
15	DI		
16	LU		38
17	MA		
18	ME		
19	JE		
20	VE		
21	SA		
22	DI		
23	LU		39
24	MA		
25	ME		
26	JE		
27	VE		
28	SA		
29	DI		
30	LU		40

OCTOBRE

01	MA	
02	ME	
03	JE	
04	VE	
05	SA	
06	DI	
07	LU	41
08	MA	
09	ME	
10	JE	
11	VE	
12	SA	
13	DI	
14	LU	42
15	MA	
16	ME	
17	JE	
18	VE	
19	SA	
20	DI	
21	LU	43
22	MA	
23	ME	
24	JE	
25	VE	
26	SA	
27	DI	
28	LU	44
29	MA	
30	ME	
31	JE	

NOVEMBRE

01	VE	
02	SA	
03	DI	
04	LU	45
05	MA	
06	ME	
07	JE	
08	VE	
09	SA	
10	DI	
11	LU	46
12	MA	
13	ME	
14	JE	
15	VE	
16	SA	
17	DI	
18	LU	47
19	MA	
20	ME	
21	JE	
22	VE	
23	SA	
24	DI	
25	LU	48
26	MA	
27	ME	
28	JE	
29	VE	
30	SA	

DÉCEMBRE

01	DI	
02	LU	49
03	MA	
04	ME	
05	JE	
06	VE	
07	SA	
08	DI	
09	LU	50
10	MA	
11	ME	
12	JE	
13	VE	
14	SA	
15	DI	
16	LU	51
17	MA	
18	ME	
19	JE	
20	VE	
21	SA	
22	DI	
23	LU	52
24	MA	
25	ME	
26	JE	
27	VE	
28	SA	
29	DI	
30	LU	01
31	MA	

JANVIER 2020

01	ME	
02	JE	
03	VE	
04	SA	
05	DI	
06	LU	02
07	MA	
08	ME	
09	JE	
10	VE	
11	SA	
12	DI	
13	LU	03
14	MA	
15	ME	
16	JE	
17	VE	
18	SA	
19	DI	
20	LU	04
21	MA	
22	ME	
23	JE	
24	VE	
25	SA	
26	DI	
27	LU	05
28	MA	
29	ME	
30	JE	
31	VE	

FÉVRIER

01	SA	
02	DI	
03	LU	06
04	MA	
05	ME	
06	JE	
07	VE	
08	SA	
09	DI	
10	LU	07
11	MA	
12	ME	
13	JE	
14	VE	
15	SA	
16	DI	
17	LU	08
18	MA	
19	ME	
20	JE	
21	VE	
22	SA	
23	DI	
24	LU	09
25	MA	
26	ME	
27	JE	
28	VE	
29	SA	

MARS

01	DI	
02	LU	10
03	MA	
04	ME	
05	JE	
06	VE	
07	SA	
08	DI	
09	LU	11
10	MA	
11	ME	
12	JE	
13	VE	
14	SA	
15	DI	
16	LU	12
17	MA	
18	ME	
19	JE	
20	VE	
21	SA	
22	DI	
23	LU	13
24	MA	
25	ME	
26	JE	
27	VE	
28	SA	
29	DI	
30	LU	14
31	MA	

	AVRIL				MAI	
01	ME			01	VE	
02	JE			02	SA	
03	VE			03	DI	
04	SA			04	LU	19
05	DI			05	MA	
06	LU	15		06	ME	
07	MA			07	JE	
08	ME			08	VE	
09	JE			09	SA	
10	VE			10	DI	
11	SA			11	LU	20
12	DI			12	MA	
13	LU	16		13	ME	
14	MA			14	JE	
15	ME			15	VE	
16	JE			16	SA	
17	VE			17	DI	
18	SA			18	LU	21
19	DI			19	MA	
20	LU	17		20	ME	
21	MA			21	JE	
22	ME			22	VE	
23	JE			23	SA	
24	VE			24	DI	
25	SA			25	LU	22
26	DI			26	MA	
27	LU	18		27	ME	
28	MA			28	JE	
29	ME			29	VE	
30	JE			30	SA	
				31	DI	

JUIN

01	LU		23
02	MA		
03	ME		
04	JE		
05	VE		
06	SA		
07	DI		
08	LU		24
09	MA		
10	ME		
11	JE		
12	VE		
13	SA		
14	DI		
15	LU		25
16	MA		
17	ME		
18	JE		
19	VE		
20	SA		
21	DI		
22	LU		26
23	MA		
24	ME		
25	JE		
26	VE		
27	SA		
28	DI		
29	LU		27
30	MA		

JUILLET

01	ME		
02	JE		
03	VE		
04	SA		
05	DI		
06	LU		28
07	MA		
08	ME		
09	JE		
10	VE		
11	SA		
12	DI		
13	LU		29
14	MA		
15	ME		
16	JE		
17	VE		
18	SA		
19	DI		
20	LU		30
21	MA		
22	ME		
23	JE		
24	VE		
25	SA		
26	DI		
27	LU		31
28	MA		
29	ME		
30	JE		
31	VE		

AOÛT

01	SA	
02	DI	
03	LU	32
04	MA	
05	ME	
06	JE	
07	VE	
08	SA	
09	DI	
10	LU	33
11	MA	
12	ME	
13	JE	
14	VE	
15	SA	
16	DI	
17	LU	34
18	MA	
19	ME	
20	JE	
21	VE	
22	SA	
23	DI	
24	LU	35
25	MA	
26	ME	
27	JE	
28	VE	
29	SA	
30	DI	
31	LU	36

NOTES

EMPLOI DU TEMPS

ZEIT	LUNDI	MARDI	MERCREDI

JEUDI	VENDREDI	SAMEDI	DIMANCHE

EMPLOI DU TEMPS

ZEIT	LUNDI	MARDI	MERCREDI

JEUDI	VENDREDI	SAMEDI	DIMANCHE

JUIL 2019

LU MA ME JE VE SA DI

LU	MA	ME	JE	VE	SA	DI
1	2	3	4	5	6	7
8	9	10	11	12	13	14
15	16	17	18	19	20	21
22	23	24	25	26	27	28
29	30	31				

EXAMENS

_____
_____
_____
_____
_____
_____
_____
_____
_____
_____
_____

DATES IMPORTANTES

_____
_____
_____
_____
_____
_____
_____
_____

SEPT 2019

LU MA ME JE VE SA DI

LU	MA	ME	JE	VE	SA	DI
						1
2	3	4	5	6	7	8
9	10	11	12	13	14	15
16	17	18	19	20	21	22
23	24	25	26	27	28	29
30						

AOÛT

LUNDI	MARDI	MERCREDI
29	30	31
5	6	7
12	13	14
19	20	21
26	27	28

2019

JEUDI	VENDREDI	SAMEDI	DIMANCHE
1	2	3	4
8	9	10	11
15	16	17	18
22	23	24	25
29	30	31	1

LUNDI

29
JUILLET

MARDI

30
JUILLET

MERCREDI

31
JUILLET

JEUDI

01
AOÛT

VENDREDI

02
AOÛT

SAMEDI

03
AOÛT

DIMANCHE

04
AOÛT

SEMAINE 32

LUNDI
05
AOÛT

MARDI
06
AOÛT

MERCREDI
07
AOÛT

JEUDI
08
AOÛT

AOÛT 2019

VENDREDI

09
AOÛT

☐
☐
☐
☐
☐
☐
☐

SAMEDI

10
AOÛT

☐
☐
☐
☐
☐
☐
☐

DIMANCHE

11
AOÛT

☐
☐
☐
☐
☐
☐
☐

LUNDI

12
AOÛT

- [ ]
- [ ]
- [ ]
- [ ]
- [ ]
- [ ]
- [ ]

MARDI

13
AOÛT

- [ ]
- [ ]
- [ ]
- [ ]
- [ ]
- [ ]
- [ ]

MERCREDI

14
AOÛT

- [ ]
- [ ]
- [ ]
- [ ]
- [ ]
- [ ]
- [ ]

JEUDI

15
AOÛT

- [ ]
- [ ]
- [ ]
- [ ]
- [ ]
- [ ]
- [ ]

VENDREDI

16
AOÛT

☐
☐
☐
☐
☐
☐
☐
☐

SAMEDI

17
AOÛT

☐
☐
☐
☐
☐
☐
☐
☐

DIMANCHE

18
AOÛT

☐
☐
☐
☐
☐
☐
☐
☐

SEMAINE 34

LUNDI
19
AOÛT

☐
☐
☐
☐
☐
☐
☐
☐

MARDI
20
AOÛT

☐
☐
☐
☐
☐
☐
☐

MERCREDI
21
AOÛT

☐
☐
☐
☐
☐
☐
☐

JEUDI
22
AOÛT

☐
☐
☐
☐
☐
☐

VENDREDI

23
AOÛT

☐
☐
☐
☐
☐
☐
☐
☐

SAMEDI

24
AOÛT

☐
☐
☐
☐
☐
☐
☐
☐

DIMANCHE

25
AOÛT

☐
☐
☐
☐
☐
☐
☐
☐

SEMAINE 35

LUNDI
26
AOÛT

☐
☐
☐
☐
☐
☐
☐

MARDI
27
AOÛT

☐
☐
☐
☐
☐
☐
☐

MERCREDI
28
AOÛT

☐
☐
☐
☐
☐
☐
☐

JEUDI
29
AOÛT

☐
☐
☐
☐
☐
☐
☐

VENDREDI

30
AOÛT

☐
☐
☐
☐
☐
☐
☐

SAMEDI

31
AOÛT

☐
☐
☐
☐
☐
☐
☐

DIMANCHE

01
SEPTEMBRE

☐
☐
☐
☐
☐
☐
☐

EXAMENS

_____
_____
_____
_____
_____
_____
_____
_____
_____

DATES IMPORTANTES

_____
_____
_____
_____
_____
_____
_____

SEPTEMBRE

LUNDI	MARDI	MERCREDI
26	27	28
2	3	4
9	10	11
16	17	18
23	24	25
30	1	2

2019

JEUDI	VENDREDI	SAMEDI	DIMANCHE
29	30	31	1
5	6	7	8
12	13	14	15
19	20	21	22
26	27	28	29
3	4	5	6

SEMAINE 36

LUNDI
02
SEPTEMBRE

MARDI
03
SEPTEMBRE

MERCREDI
04
SEPTEMBRE

JEUDI
05
SEPTEMBRE

VENDREDI

06
SEPTEMBRE

SAMEDI

07
SEPTEMBRE

DIMANCHE

08
SEPTEMBRE

SEMAINE 37

LUNDI
09
SEPTEMBRE

MARDI
10
SEPTEMBRE

MERCREDI
11
SEPTEMBRE

JEUDI
12
SEPTEMBRE

VENDREDI

13

SEPTEMBRE

- [ ]
- [ ]
- [ ]
- [ ]
- [ ]
- [ ]
- [ ]

SAMEDI

14

SEPTEMBRE

- [ ]
- [ ]
- [ ]
- [ ]
- [ ]
- [ ]
- [ ]

DIMANCHE

15

SEPTEMBRE

- [ ]
- [ ]
- [ ]
- [ ]
- [ ]
- [ ]
- [ ]

SEMAINE 38

LUNDI
16
SEPTEMBRE

☐
☐
☐
☐
☐
☐
☐

MARDI
17
SEPTEMBRE

☐
☐
☐
☐
☐
☐
☐

MERCREDI
18
SEPTEMBRE

☐
☐
☐
☐
☐
☐
☐

JEUDI
19
SEPTEMBRE

☐
☐
☐
☐
☐
☐
☐

VENDREDI

20

SEPTEMBRE

☐
☐
☐
☐
☐
☐
☐

SAMEDI

21

SEPTEMBRE

☐
☐
☐
☐
☐
☐
☐

DIMANCHE

22

SEPTEMBRE

☐
☐
☐
☐
☐
☐

SEMAINE 39

LUNDI
23
SEPTEMBRE

☐

MARDI
24
SEPTEMBRE

☐

MERCREDI
25
SEPTEMBRE

☐

JEUDI
26
SEPTEMBRE

☐

VENDREDI

27

SEPTEMBRE

☐
☐
☐
☐
☐
☐
☐
☐

SAMEDI

28

SEPTEMBRE

☐
☐
☐
☐
☐
☐
☐
☐

DIMANCHE

29

SEPTEMBRE

☐
☐
☐
☐
☐
☐
☐

SEPT 2019

LU MA ME JE VE SA DI
						1
2	3	4	5	6	7	8
9	10	11	12	13	14	15
16	17	18	19	20	21	22
23	24	25	26	27	28	29
30						

EXAMENS

DATES IMPORTANTES

NOV 2019

LU MA ME JE VE SA DI
					1	2	3
4	5	6	7	8	9	10
11	12	13	14	15	16	17
18	19	20	21	22	23	24
25	26	27	28	29	30	

OCTOBRE

LUNDI	MARDI	MERCREDI
30	1	2
7	8	9
14	15	16
21	22	23
28	29	30

2019

JEUDI	VENDREDI	SAMEDI	DIMANCHE
3	4	5	6
10	11	12	13
17	18	19	20
24	25	26	27
31	1	2	3

SEMAINE 40

LUNDI
30
SEPTEMBRE

MARDI
01
OCTOBRE

MERCREDI
02
OCTOBRE

JEUDI
03
OCTOBRE

VENDREDI

04

OCTOBRE

☐
☐
☐
☐
☐
☐
☐
☐

SAMEDI

05

OCTOBRE

☐
☐
☐
☐
☐
☐
☐
☐

DIMANCHE

06

OCTOBRE

☐
☐
☐
☐
☐
☐
☐
☐

SEMAINE 41

LUNDI
07
OCTOBRE

☐
☐
☐
☐
☐
☐
☐

MARDI
08
OCTOBRE

☐
☐
☐
☐
☐
☐

MERCREDI
09
OCTOBRE

☐
☐
☐
☐
☐
☐
☐

JEUDI
10
OCTOBRE

☐
☐
☐
☐
☐
☐
☐

VENDREDI

11

OCTOBRE

SAMEDI

12

OCTOBRE

DIMANCHE

13

OCTOBRE

SEMAINE 42

LUNDI

14

OCTOBRE

MARDI

15

OCTOBRE

MERCREDI

16

OCTOBRE

JEUDI

17

OCTOBRE

VENDREDI

18

OCTOBRE

☐
☐
☐
☐
☐
☐
☐

SAMEDI

19

OCTOBRE

☐
☐
☐
☐
☐
☐
☐

DIMANCHE

20

OCTOBRE

☐
☐
☐
☐
☐
☐
☐

SEMAINE 43

LUNDI
21
OCTOBRE

MARDI
22
OCTOBRE

MERCREDI
23
OCTOBRE

JEUDI
24
OCTOBRE

VENDREDI

25

OCTOBRE

SAMEDI

26

OCTOBRE

DIMANCHE

27

OCTOBRE

SEMAINE 44

LUNDI
28
OCTOBRE

MARDI
29
OCTOBRE

MERCREDI
30
OCTOBRE

JEUDI
31
OCTOBRE

VENDREDI

01
NOVEMBRE

☐
☐
☐
☐
☐
☐
☐
☐

SAMEDI

02
NOVEMBRE

☐
☐
☐
☐
☐
☐
☐
☐

DIMANCHE

03
NOVEMBRE

☐
☐
☐
☐
☐
☐
☐

EXAMENS

_____
_____
_____
_____
_____
_____
_____
_____
_____

DATES IMPORTANTES

_____
_____
_____
_____
_____
_____
_____

NOVEMBRE

LUNDI	MARDI	MERCREDI
28	29	30
4	5	6
11	12	13
18	19	20
25	26	27

2019

JEUDI	VENDREDI	SAMEDI	DIMANCHE
31	1	2	3
7	8	9	10
14	15	16	17
21	22	23	24
28	29	30	1

LUNDI
04
NOVEMBRE

MARDI
05
NOVEMBRE

MERCREDI
06
NOVEMBRE

JEUDI
07
NOVEMBRE

NOVEMBRE 2019

VENDREDI
08
NOVEMBRE

SAMEDI
09
NOVEMBRE

DIMANCHE
10
NOVEMBRE

LUNDI

11
NOVEMBRE

☐
☐
☐
☐
☐
☐
☐

MARDI

12
NOVEMBRE

☐
☐
☐
☐
☐
☐
☐

MERCREDI

13
NOVEMBRE

☐
☐
☐
☐
☐
☐
☐

JEUDI

14
NOVEMBRE

☐
☐
☐
☐
☐
☐
☐

VENDREDI

15

NOVEMBRE

SAMEDI

16

NOVEMBRE

DIMANCHE

17

NOVEMBRE

SEMAINE 47

LUNDI
18
NOVEMBRE

MARDI
19
NOVEMBRE

MERCREDI
20
NOVEMBRE

JEUDI
21
NOVEMBRE

NOVEMBRE 2019

VENDREDI

22

NOVEMBRE

SAMEDI

23

NOVEMBRE

DIMANCHE

24

NOVEMBRE

SEMAINE 48

LUNDI
25
NOVEMBRE

☐
☐
☐
☐
☐
☐
☐

MARDI
26
NOVEMBRE

☐
☐
☐
☐
☐
☐
☐

MERCREDI
27
NOVEMBRE

☐
☐
☐
☐
☐
☐
☐

JEUDI
28
NOVEMBRE

☐
☐
☐
☐
☐
☐
☐

VENDREDI

29
NOVEMBRE

☐
☐
☐
☐
☐
☐
☐
☐

SAMEDI

30
NOVEMBRE

☐
☐
☐
☐
☐
☐
☐
☐

DIMANCHE

01
DÉCEMBRE

☐
☐
☐
☐
☐
☐
☐
☐

NOV 2019

LU MA ME JE VE SA DI

				1	2	3
4	5	6	7	8	9	10
11	12	13	14	15	16	17
18	19	20	21	22	23	24
25	26	27	28	29	30	

EXAMENS

DATES IMPORTANTES

JAN 2020

LU MA ME JE VE SA DI

		1	2	3	4	5
6	7	8	9	10	11	12
13	14	15	16	17	18	19
20	21	22	23	24	25	26
27	28	29	30	31		

DECEMBRE

LUNDI	MARDI	MERCREDI
25	26	27
2	3	4
9	10	11
16	17	18
23	24	25
30	31	1

2019

JEUDI	VENDREDI	SAMEDI	DIMANCHE
28	29	30	1
5	6	7	8
12	13	14	15
19	20	21	22
26	27	28	29
2	3	4	5

LUNDI

02

DÉCEMBRE

MARDI

03

DÉCEMBRE

MERCREDI

04

DÉCEMBRE

JEUDI

05

DÉCEMBRE

VENDREDI

06
DÉCEMBRE

SAMEDI

07
DÉCEMBRE

DIMANCHE

08
DÉCEMBRE

SEMAINE 50

LUNDI
09
DÉCEMBRE

- [ ]
- [ ]
- [ ]
- [ ]
- [ ]
- [ ]
- [ ]

MARDI
10
DÉCEMBRE

- [ ]
- [ ]
- [ ]
- [ ]
- [ ]
- [ ]
- [ ]

MERCREDI
11
DÉCEMBRE

- [ ]
- [ ]
- [ ]
- [ ]
- [ ]
- [ ]
- [ ]

JEUDI
12
DÉCEMBRE

- [ ]
- [ ]
- [ ]
- [ ]
- [ ]
- [ ]
- [ ]

VENDREDI

13

DÉCEMBRE

SAMEDI

14

DÉCEMBRE

DIMANCHE

15

DÉCEMBRE

SEMAINE 51

LUNDI
16
DÉCEMBRE

☐
☐
☐
☐
☐
☐
☐
☐

MARDI
17
DÉCEMBRE

☐
☐
☐
☐
☐
☐

MERCREDI
18
DÉCEMBRE

☐
☐
☐
☐
☐
☐
☐

JEUDI
19
DÉCEMBRE

☐
☐
☐
☐
☐
☐

VENDREDI

20

DÉCEMBRE

SAMEDI

21

DÉCEMBRE

DIMANCHE

22

DÉCEMBRE

SEMAINE 52

LUNDI
23
DÉCEMBRE

☐
☐
☐
☐
☐
☐
☐

MARDI
24
DÉCEMBRE

☐
☐
☐
☐
☐
☐
☐

MERCREDI
25
DÉCEMBRE

☐
☐
☐
☐
☐
☐
☐

JEUDI
26
DÉCEMBRE

☐
☐
☐
☐
☐
☐
☐

VENDREDI

27
DÉCEMBRE

☐
☐
☐
☐
☐
☐
☐
☐

SAMEDI

28
DÉCEMBRE

☐
☐
☐
☐
☐
☐
☐
☐

DIMANCHE

29
DÉCEMBRE

☐
☐
☐
☐
☐
☐
☐
☐

DÉC 2019

LU	MA	ME	JE	VE	SA	DI
						1
2	3	4	5	6	7	8
9	10	11	12	13	14	15
16	17	18	19	20	21	22
23	24	25	26	27	28	29
30	31					

EXAMENS

DATES IMPORTANTES

FÉV 2020

LU	MA	ME	JE	VE	SA	DI
					1	2
3	4	5	6	7	8	9
10	11	12	13	14	15	16
17	18	19	20	21	22	23
24	25	26	27	28	29	

JANVIER

LUNDI	MARDI	MERCREDI
30	31	1
6	7	8
13	14	15
20	21	22
27	28	29

2020

JEUDI	VENDREDI	SAMEDI	DIMANCHE
2	3	4	5
9	10	11	12
16	17	18	19
23	24	25	26
30	31	1	2

SEMAINE 01

LUNDI
30
DÉCEMBRE

- [ ]
- [ ]
- [ ]
- [ ]
- [ ]
- [ ]
- [ ]
- [ ]

MARDI
31
DÉCEMBRE

- [ ]
- [ ]
- [ ]
- [ ]
- [ ]
- [ ]
- [ ]

MERCREDI
01
JANVIER

- [ ]
- [ ]
- [ ]
- [ ]
- [ ]
- [ ]
- [ ]

JEUDI
02
JANVIER

- [ ]
- [ ]
- [ ]
- [ ]
- [ ]
- [ ]

DÉCEMBRE 2019 - JANVIER 2020

VENDREDI

03
JANVIER

☐
☐
☐
☐
☐
☐
☐

· ·

SAMEDI

04
JANVIER

☐
☐
☐
☐
☐
☐
☐

· ·

DIMANCHE

05
JANVIER

☐
☐
☐
☐
☐
☐
☐

SEMAINE 02

LUNDI

06
JANVIER

MARDI

07
JANVIER

MERCREDI

08
JANVIER

JEUDI

9
JANVIER

VENDREDI

10

JANVIER

☐
☐
☐
☐
☐
☐
☐

SAMEDI

11

JANVIER

☐
☐
☐
☐
☐
☐
☐

DIMANCHE

12

JANVIER

☐
☐
☐
☐
☐
☐
☐

SEMAINE 03

LUNDI
13
JANVIER

MARDI
14
JANVIER

MERCREDI
15
JANVIER

JEUDI
16
JANVIER

JANVIER 2020

VENDREDI

17
JANVIER

☐
☐
☐
☐
☐
☐
☐
☐

SAMEDI

18
JANVIER

☐
☐
☐
☐
☐
☐
☐
☐

DIMANCHE

19
JANVIER

☐
☐
☐
☐
☐
☐
☐

SEMAINE 04

LUNDI
20
JANVIER

☐
☐
☐
☐
☐
☐
☐
☐

MARDI
21
JANVIER

☐
☐
☐
☐
☐
☐
☐
☐

MERCREDI
22
JANVIER

☐
☐
☐
☐
☐
☐
☐
☐

JEUDI
23
JANVIER

☐
☐
☐
☐
☐
☐
☐
☐

VENDREDI

24
JANVIER

☐
☐
☐
☐
☐
☐
☐
☐

SAMEDI

25
JANVIER

☐
☐
☐
☐
☐
☐
☐
☐

DIMANCHE

26
JANVIER

☐
☐
☐
☐
☐
☐
☐

LUNDI

27
JANVIER

MARDI

28
JANVIER

MERCREDI

29
JANVIER

JEUDI

30
JANVIER

JANVIER 2020

VENDREDI
31
JANVIER

- [ ]
- [ ]
- [ ]
- [ ]
- [ ]
- [ ]
- [ ]

SAMEDI
01
FÉVRIER

- [ ]
- [ ]
- [ ]
- [ ]
- [ ]
- [ ]
- [ ]

DIMANCHE
02
FÉVRIER

- [ ]
- [ ]
- [ ]
- [ ]
- [ ]
- [ ]
- [ ]

JAN 2020

LU	MA	ME	JE	VE	SA	DI
			1	2	3	4	5
6	7	8	9	10	11	12
13	14	15	16	17	18	19
20	21	22	23	24	25	26
27	28	29	30	31		

EXAMENS

_____
_____
_____
_____
_____
_____
_____
_____

DATES IMPORTANTES

_____
_____
_____
_____
_____
_____

MAR 2020

LU	MA	ME	JE	VE	SA	DI
						1
2	3	4	5	6	7	8
9	10	11	12	13	14	15
16	17	18	19	20	21	22
23	24	25	26	27	28	29
30	31					

FÉVRIER

LUNDI	MARDI	MERCREDI
26	27	28
3	4	5
10	11	12
17	18	19
24	25	26

2020

JEUDI	VENDREDI	SAMEDI	DIMANCHE
29	30	1	2
6	7	8	9
13	14	15	16
20	21	22	23
27	28	29	1

LUNDI

03
FÉVRIER

☐
☐
☐
☐
☐
☐
☐
☐

MARDI

04
FÉVRIER

☐
☐
☐
☐
☐
☐
☐

MERCREDI

05
FÉVRIER

☐
☐
☐
☐
☐
☐
☐

JEUDI

06
FÉVRIER

☐
☐
☐
☐
☐
☐
☐

VENDREDI
07
FÉVRIER

SAMEDI
08
FÉVRIER

DIMANCHE
09
FÉVRIER

SEMAINE 07

LUNDI
10
FÉVRIER

☐
☐
☐
☐
☐
☐
☐
☐

MARDI
11
FÉVRIER

☐
☐
☐
☐
☐
☐
☐

MERCREDI
12
FÉVRIER

☐
☐
☐
☐
☐
☐
☐
☐

JEUDI
13
FÉVRIER

☐
☐
☐
☐
☐
☐
☐

FÉVRIER 2020

VENDREDI
14
FÉVRIER

SAMEDI
15
FÉVRIER

DIMANCHE
16
FÉVRIER

SEMAINE 08

LUNDI
17
FÉVRIER

MARDI
18
FÉVRIER

MERCREDI
19
FÉVRIER

JEUDI
20
FÉVRIER

VENDREDI

21
FÉVRIER

SAMEDI

22
FÉVRIER

DIMANCHE

23
FÉVRIER

SEMAINE 09

LUNDI
24
FÉVRIER

☐
☐
☐
☐
☐
☐
☐
☐

MARDI
25
FÉVRIER

☐
☐
☐
☐
☐
☐
☐
☐

MERCREDI
26
FÉVRIER

☐
☐
☐
☐
☐
☐
☐
☐

JEUDI
27
FÉVRIER

☐
☐
☐
☐
☐
☐
☐
☐

FÉVRIER 2020

VENDREDI

28
FÉVRIER

☐
☐
☐
☐
☐
☐
☐
☐

SAMEDI

29
FÉVRIER

☐
☐
☐
☐
☐
☐
☐
☐

DIMANCHE

01
MARS

☐
☐
☐
☐
☐
☐
☐
☐

EXAMENS

_____

_____

_____

_____

_____

_____

_____

_____

_____

_____

DATES IMPORTANTES

_____

_____

_____

_____

_____

_____

_____

_____

MARS

LUNDI	MARDI	MERCREDI
24	25	26
2	3	4
9	10	11
16	17	18
23	24	25
30	31	

2020

JEUDI	VENDREDI	SAMEDI	DIMANCHE
27	28	29	1
5	6	7	8
12	13	14	15
19	20	21	22
26	27	28	29

LUNDI
02
MARS

MARDI
03
MARS

MERCREDI
04
MARS

JEUDI
05
MARS

MARS 2020

VENDREDI
06
MARS

☐
☐
☐
☐
☐
☐
☐
☐

SAMEDI
07
MARS

☐
☐
☐
☐
☐
☐
☐
☐

DIMANCHE
08
MARS

☐
☐
☐
☐
☐
☐
☐

SEMAINE 11

LUNDI
09
MARS

MARDI
10
MARS

MERCREDI
11
MARS

JEUDI
12
MARS

VENDREDI

13

MARS

☐
☐
☐
☐
☐
☐
☐

SAMEDI

14

MARS

☐
☐
☐
☐
☐
☐
☐

DIMANCHE

15

MARS

☐
☐
☐
☐
☐
☐
☐

SEMAINE 12

LUNDI
16
MARS

MARDI
17
MARS

MERCREDI
18
MARS

JEUDI
19
MARS

VENDREDI

20
MARS

☐
☐
☐
☐
☐
☐
☐
☐

SAMEDI

21
MARS

☐
☐
☐
☐
☐
☐
☐
☐

DIMANCHE

22
MARS

☐
☐
☐
☐
☐
☐
☐
☐

SEMAINE 13

LUNDI
23
MARS

MARDI
24
MARS

MERCREDI
25
MARS

JEUDI
26
MARS

VENDREDI

27
MARS

☐
☐
☐
☐
☐
☐
☐

SAMEDI

28
MARS

☐
☐
☐
☐
☐
☐
☐

DIMANCHE

29
MARS

☐
☐
☐
☐
☐
☐
☐

EXAMENS

DATES IMPORTANTES

AVRIL

LUNDI	MARDI	MERCREDI
30	31	1
6	7	8
13	14	15
20	21	22
27	28	29

2020

JEUDI	VENDREDI	SAMEDI	DIMANCHE
2	3	4	5
9	10	11	12
16	17	18	19
23	24	25	26
30	1	2	3

SEMAINE 14

LUNDI
30
AVRIL

MARDI
31
AVRIL

MERCREDI
01
AVRIL

JEUDI
02
AVRIL

VENDREDI

03
AVRIL

☐
☐
☐
☐
☐
☐
☐

SAMEDI

04
AVRIL

☐
☐
☐
☐
☐
☐
☐

DIMANCHE

05
AVRIL

☐
☐
☐
☐
☐
☐
☐

LUNDI

06

AVRIL

MARDI

07

AVRIL

MERCREDI

08

AVRIL

JEUDI

09

AVRIL

AVRIL 2020

VENDREDI
10
AVRIL

☐
☐
☐
☐
☐
☐
☐

SAMEDI
11
AVRIL

☐
☐
☐
☐
☐
☐
☐

DIMANCHE
12
AVRIL

☐
☐
☐
☐
☐
☐
☐

LUNDI

13
AVRIL

MARDI

14
AVRIL

MERCREDI

15
AVRIL

JEUDI

16
AVRIL

VENDREDI

17
AVRIL

☐ ☐ ☐ ☐ ☐ ☐ ☐ ☐

SAMEDI

18
AVRIL

☐ ☐ ☐ ☐ ☐ ☐ ☐ ☐

DIMANCHE

19
AVRIL

☐ ☐ ☐ ☐ ☐ ☐ ☐ ☐

SEMAINE 17

LUNDI

20

AVRIL

MARDI

21

AVRIL

MERCREDI

22

AVRIL

JEUDI

23

AVRIL

VENDREDI

24
AVRIL

☐
☐
☐
☐
☐
☐
☐

SAMEDI

25
AVRIL

☐
☐
☐
☐
☐
☐
☐

DIMANCHE

26
AVRIL

☐
☐
☐
☐
☐
☐
☐

SEMAINE 18

LUNDI
27
AVRIL

☐
☐
☐
☐
☐
☐
☐
☐

MARDI
28
AVRIL

☐
☐
☐
☐
☐
☐
☐
☐

MERCREDI
29
AVRIL

☐
☐
☐
☐
☐
☐
☐
☐

JEUDI
30
AVRIL

☐
☐
☐
☐
☐
☐
☐

VENDREDI

01
MAI

☐
☐
☐
☐
☐
☐
☐

SAMEDI

02
MAI

☐
☐
☐
☐
☐
☐
☐

DIMANCHE

03
MAI

☐
☐
☐
☐
☐
☐
☐

EXAMENS

_____

_____

_____

_____

_____

_____

_____

_____

_____

DATES IMPORTANTES

_____

_____

_____

_____

_____

_____

_____

_____

JUIN 2020

LU MA ME JE VE SA DI

1	2	3	4	5	6	7
8	9	10	11	12	13	14
15	16	17	18	19	20	21
22	23	24	25	26	27	28
29	30					

MAI

LUNDI	MARDI	MERCREDI
27	28	29
4	5	6
11	12	13
18	19	20
25	26	27

2020

JEUDI	VENDREDI	SAMEDI	DIMANCHE
30	1	2	3
7	8	9	10
14	15	16	17
21	22	23	24
28	29	30	31

SEMAINE 19

LUNDI
04
MAI

☐
☐
☐
☐
☐
☐
☐
☐

MARDI
05
MAI

☐
☐
☐
☐
☐
☐
☐

MERCREDI
06
MAI

☐
☐
☐
☐
☐
☐
☐

JEUDI
07
MAI

☐
☐
☐
☐
☐
☐
☐

MAI 2020

VENDREDI

08
MAI

☐
☐
☐
☐
☐
☐
☐

SAMEDI

09
MAI

☐
☐
☐
☐
☐
☐
☐

DIMANCHE

10
MAI

☐
☐
☐
☐
☐
☐
☐

SEMAINE 20

LUNDI

11
MAI

- ☐
- ☐
- ☐
- ☐
- ☐
- ☐
- ☐

MARDI

12
MAI

- ☐
- ☐
- ☐
- ☐
- ☐
- ☐
- ☐

MERCREDI

13
MAI

- ☐
- ☐
- ☐
- ☐
- ☐
- ☐
- ☐

JEUDI

14
MAI

- ☐
- ☐
- ☐
- ☐
- ☐
- ☐
- ☐

VENDREDI

15
MAI

☐
☐
☐
☐
☐
☐
☐
☐

SAMEDI

16
MAI

☐
☐
☐
☐
☐
☐
☐
☐

DIMANCHE

17
MAI

☐
☐
☐
☐
☐
☐
☐
☐

SEMAINE 21

LUNDI
18
MAI

☐
☐
☐
☐
☐
☐
☐
☐

MARDI
19
MAI

☐
☐
☐
☐
☐
☐
☐
☐

MERCREDI
20
MAI

☐
☐
☐
☐
☐
☐
☐
☐

JEUDI
21
MAI

☐
☐
☐
☐
☐
☐
☐
☐

VENDREDI

22
MAI

☐
☐
☐
☐
☐
☐
☐

SAMEDI

23
MAI

☐
☐
☐
☐
☐
☐
☐

DIMANCHE

24
MAI

☐
☐
☐
☐
☐
☐
☐

LUNDI
25
MAI

☐
☐
☐
☐
☐
☐
☐
☐

MARDI
26
MAI

☐
☐
☐
☐
☐
☐
☐

MERCREDI
27
MAI

☐
☐
☐
☐
☐
☐
☐

JEUDI
28
MAI

☐
☐
☐
☐
☐
☐
☐

VENDREDI

29

MAI

☐
☐
☐
☐
☐
☐
☐
☐

SAMEDI

30

MAI

☐
☐
☐
☐
☐
☐
☐
☐

DIMANCHE

31

MAI

☐
☐
☐
☐
☐
☐
☐
☐

EXAMENS

_____
_____
_____
_____
_____
_____
_____
_____
_____

DATES IMPORTANTES

_____
_____
_____
_____
_____
_____
_____
_____

JUIN

LUNDI	MARDI	MERCREDI
1	2	3
8	9	10
15	16	17
22	23	24
29	30	1

2020

JEUDI	VENDREDI	SAMEDI	DIMANCHE
4	5	6	7
11	12	13	14
18	19	20	21
25	26	27	28
2	3	4	5

LUNDI
01
JUIN

MARDI
02
JUIN

MERCREDI
03
JUIN

JEUDI
04
JUIN

VENDREDI

05

JUIN

☐
☐
☐
☐
☐
☐
☐
☐

SAMEDI

06

JUIN

☐
☐
☐
☐
☐
☐
☐
☐

DIMANCHE

07

JUIN

☐
☐
☐
☐
☐
☐
☐
☐

LUNDI

08
JUIN

MARDI

09
JUIN

MERCREDI

10
JUIN

JEUDI

11
JUIN

VENDREDI

12
JUIN

☐
☐
☐
☐
☐
☐
☐

SAMEDI

13
JUIN

☐
☐
☐
☐
☐
☐
☐

DIMANCHE

14
JUIN

☐
☐
☐
☐
☐
☐
☐

SEMAINE 25

LUNDI
15
JUIN

MARDI
16
JUIN

MERCREDI
17
JUIN

JEUDI
18
JUIN

VENDREDI

19
JUIN

☐
☐
☐
☐
☐
☐
☐
☐

SAMEDI

20
JUIN

☐
☐
☐
☐
☐
☐
☐
☐

DIMANCHE

21
JUIN

☐
☐
☐
☐
☐
☐
☐
☐

SEMAINE 26

LUNDI
22
JUIN

☐
☐
☐
☐
☐
☐
☐
☐

MARDI
23
JUIN

☐
☐
☐
☐
☐
☐
☐

MERCREDI
24
JUIN

☐
☐
☐
☐
☐
☐
☐

JEUDI
25
JUIN

☐
☐
☐
☐
☐
☐
☐

VENDREDI

26
JUIN

☐
☐
☐
☐
☐
☐
☐
☐

SAMEDI

27
JUIN

☐
☐
☐
☐
☐
☐
☐
☐

DIMANCHE

28
JUIN

☐
☐
☐
☐
☐
☐
☐
☐

SEMAINE 27

LUNDI
29
JUIN

MARDI
30
JUIN

MERCREDI
01
JUILLET

JEUDI
02
JUILLET

VENDREDI

03
JUILLET

☐
☐
☐
☐
☐
☐
☐

SAMEDI

04
JUILLET

☐
☐
☐
☐
☐
☐
☐

DIMANCHE

05
JUILLET

☐
☐
☐
☐
☐
☐
☐

JUIN 2020

LU MA ME JE VE SA DI
1 2 3 4 5 6 7
8 9 10 11 12 13 14
15 16 17 18 19 20 21
22 23 24 25 26 27 28
29 30

EXAMENS

_____

_____

_____

_____

_____

_____

_____

_____

DATES IMPORTANTES

_____

_____

_____

_____

_____

_____

AOÛT 2020

LU MA ME JE VE SA DI
            1 2
3 4 5 6 7 8 9
10 11 12 13 14 15 16
17 18 19 20 21 22 23
24 25 26 27 28 29 30
31

JUILLET

LUNDI	MARDI	MERCREDI
29	30	1
6	7	8
13	14	15
20	21	22
27	28	29

2020

JEUDI	VENDREDI	SAMEDI	DIMANCHE
2	3	4	5
9	10	11	12
16	17	18	19
23	24	25	26
30	31	1	2

LUNDI

06

JUILLET

MARDI

07

JUILLET

MERCREDI

08

JUILLET

JEUDI

09

JUILLET

VENDREDI

10
JUILLET

☐
☐
☐
☐
☐
☐
☐
☐

SAMEDI

11
JUILLET

☐
☐
☐
☐
☐
☐
☐
☐

DIMANCHE

12
JUILLET

☐
☐
☐
☐
☐
☐
☐
☐

SEMAINE 29

LUNDI

13
JUILLET

☐
☐
☐
☐
☐
☐
☐

MARDI

14
JUILLET

☐
☐
☐
☐
☐
☐
☐

MERCREDI

15
JUILLET

☐
☐
☐
☐
☐
☐
☐

JEUDI

16
JUILLET

☐
☐
☐
☐
☐
☐

JUILLET 2020

VENDREDI

17
JUILLET

SAMEDI

18
JUILLET

DIMANCHE

19
JUILLET

SEMAINE 30

LUNDI
20
JUILLET

MARDI
21
JUILLET

MERCREDI
22
JUILLET

JEUDI
23
JUILLET

VENDREDI

24
JUILLET

☐
☐
☐
☐
☐
☐
☐

SAMEDI

25
JUILLET

☐
☐
☐
☐
☐
☐
☐

DIMANCHE

26
JUILLET

☐
☐
☐
☐
☐
☐
☐

SEMAINE 31

LUNDI
27
JUILLET

MARDI
28
JUILLET

MERCREDI
29
JUILLET

JEUDI
30
JUILLET

VENDREDI

31
AOÛT

☐
☐
☐
☐
☐
☐
☐
☐

SAMEDI

01
AOÛT

☐
☐
☐
☐
☐
☐
☐
☐

DIMANCHE

02
AOÛT

☐
☐
☐
☐
☐
☐
☐
☐

JUIL 2020

LU MA ME JE VE SA DI

				1	2	3	4	5
6	7	8	9	10	11	12
13	14	15	16	17	18	19
20	21	22	23	24	25	26
27	28	29	30	31

EXAMENS

DATES IMPORTANTES

SEPT 2020

LU MA ME JE VE SA DI

1	2	3	4	5	6
7	8	9	10	11	12	13
14	15	16	17	18	19	20
21	22	23	24	25	26	27
28	29	30

AOÛT

LUNDI	MARDI	MERCREDI
26	27	28
3	4	5
10	11	12
17	18	19
24	25	26
31		

2020

JEUDI	VENDREDI	SAMEDI	DIMANCHE
29	31	1	2
6	7	8	9
13	14	15	16
20	21	22	23
27	28	29	30

LUNDI

03
AOÛT

MARDI

04
AOÛT

MERCREDI

05
AOÛT

JEUDI

06
AOÛT

VENDREDI

07
AOÛT

☐
☐
☐
☐
☐
☐
☐
☐

SAMEDI

08
AOÛT

☐
☐
☐
☐
☐
☐
☐
☐

DIMANCHE

09
AOÛT

☐
☐
☐
☐
☐
☐
☐
☐

SEMAINE 33

LUNDI
10
AOÛT

MARDI
11
AOÛT

MERCREDI
12
AOÛT

JEUDI
13
AOÛT

VENDREDI

14
AOÛT

☐
☐
☐
☐
☐
☐
☐
☐

SAMEDI

15
AOÛT

☐
☐
☐
☐
☐
☐
☐
☐

DIMANCHE

16
AOÛT

☐
☐
☐
☐
☐
☐
☐
☐

LUNDI

17
AOÛT

- [ ]
- [ ]
- [ ]
- [ ]
- [ ]
- [ ]
- [ ]
- [ ]

MARDI

18
AOÛT

- [ ]
- [ ]
- [ ]
- [ ]
- [ ]
- [ ]
- [ ]

MERCREDI

19
AOÛT

- [ ]
- [ ]
- [ ]
- [ ]
- [ ]
- [ ]
- [ ]

JEUDI

20
AOÛT

- [ ]
- [ ]
- [ ]
- [ ]
- [ ]
- [ ]
- [ ]

VENDREDI

21
AOÛT

☐
☐
☐
☐
☐
☐
☐

SAMEDI

22
AOÛT

☐
☐
☐
☐
☐
☐
☐

DIMANCHE

23
AOÛT

☐
☐
☐
☐
☐
☐
☐

SEMAINE 35

LUNDI
24
AOÛT

- [ ]
- [ ]
- [ ]
- [ ]
- [ ]
- [ ]
- [ ]

MARDI
25
AOÛT

- [ ]
- [ ]
- [ ]
- [ ]
- [ ]
- [ ]
- [ ]

MERCREDI
26
AOÛT

- [ ]
- [ ]
- [ ]
- [ ]
- [ ]
- [ ]
- [ ]

JEUDI
27
AOÛT

- [ ]
- [ ]
- [ ]
- [ ]
- [ ]
- [ ]
- [ ]

VENDREDI

28
AOÛT

☐
☐
☐
☐
☐
☐
☐
☐

SAMEDI

29
AOÛT

☐
☐
☐
☐
☐
☐
☐
☐

DIMANCHE

30
AOÛT

☐
☐
☐
☐
☐
☐
☐
☐

SEMAINE 34

LUNDI
31
AOÛT

☐

MARDI
01
SEPTEMBRE

☐

MERCREDI
02
SEPTEMBRE

☐

JEUDI
03
SEPTEMBRE

☐

VENDREDI

04

SEPTEMBRE

☐
☐
☐
☐
☐
☐
☐
☐

SAMEDI

05

SEPTEMBRE

☐
☐
☐
☐
☐
☐
☐

DIMANCHE

06

SEPTEMBRE

☐
☐
☐
☐
☐
☐
☐

NOTES

JAN 2021

LU	MA	ME	JE	VE	SA	DI
				1	2	3
4	5	6	7	8	9	10
11	12	13	14	15	16	17
18	19	20	21	22	23	24

FÉV 2021

LU	MA	ME	JE	VE	SA	DI
1	2	3	4	5	6	7
8	9	10	11	12	13	14
15	16	17	18	19	20	21
22	23	24	25	26	27	28

MAR 2021

LU	MA	ME	JE	VE	SA	DI
1	2	3	4	5	6	7
8	9	10	11	12	13	14
15	16	17	18	19	20	21
22	23	24	25	26	27	28
29	30	31				

AVR 2021

LU	MA	ME	JE	VE	SA	DI
			1	2	3	4
5	6	7	8	9	10	11
12	13	14	15	16	17	18
19	20	21	22	23	24	25
26	27	28	29	30		

MAI 2021

LU	MA	ME	JE	VE	SA	DI
					1	2
3	4	5	6	7	8	9
10	11	12	13	14	15	16
17	18	19	20	21	22	23
24	25	26	27	28	29	30
31						

JUIN 2021

LU	MA	ME	JE	VE	SA	DI
	1	2	3	4	5	6
7	8	9	10	11	12	13
14	15	16	17	18	19	20
21	22	23	24	25	26	27
28	29	30				

JUIL 2021

LU	MA	ME	JE	VE	SA	DI
			1	2	3	4
5	6	7	8	9	10	11
12	13	14	15	16	17	18
19	20	21	22	23	24	25
26	27	28	29	30	31	

AOÛT 2021

LU	MA	ME	JE	VE	SA	DI
						1
2	3	4	5	6	7	8
9	10	11	12	13	14	15
16	17	18	19	20	21	22
23	24	25	26	27	28	29
30	31					

SEP 2021

LU	MA	ME	JE	VE	SA	DI
		1	2	3	4	5
6	7	8	9	10	11	12
13	14	15	16	17	18	19
20	21	22	23	24	25	26
27	28	29	30			

OCT 2021

LU	MA	ME	JE	VE	SA	DI
				1	2	3
4	5	6	7	8	9	10
11	12	13	14	15	16	17
18	19	20	21	22	23	24
25	26	27	28	29	30	31

NOV 2021

LU	MA	ME	JE	VE	SA	DI
1	2	3	4	5	6	7
8	9	10	11	12	13	14
15	16	17	18	19	20	21
22	23	24	25	26	27	28
29	30					

DÉC 2021

LU	MA	ME	JE	VE	SA	DI
		1	2	3	4	5
6	7	8	9	10	11	12
13	14	15	16	17	18	19
20	21	22	23	24	25	26
27	28	29	30	31		

Impressum

Feedback:
feedback@mertens-publication.de

Edition : Books on Demand,
12/14 rond-Point des Champs-Elysées, 75008 Paris
Impression : BoD - Books on Demand, Norderstedt, Allemagne
ISBN :
9782322126613

Mertens Ventures Ltd.
Tefkrou Anthia No 2 Office 301
6045 Larnaca
Zypern
E-Mail: kontakt@mertens-publication.de